Inhaltsverzeichnis

AF532234

Vorwort

Viele Lehrkräfte müssen sich zurzeit mit dem Thema „Inklusion" beschäftigen.
Die folgenden Unterrichtsmaterialien eignen sich sehr gut, um ein künstlerisches Thema in stark heterogenen Klassen zu bearbeiten. In meiner integrativen Klasse arbeiten die Kinder seit dem ersten Schuljahr an Stationen und ich erlebe jeden Tag freudige Gesichter, die stolz ihre Arbeitsergebnisse präsentieren.
Jedes Kind bekommt bei Stationenarbeiten die Möglichkeit, individuell gefördert und gefordert zu werden. Dies schließt individuelle Hilfen für Schüler*innen mit besonderen Problemen beim Lernen ebenso ein wie die Förderung von besonderen Begabungen und Neigungen. Die handlungsorientierte Arbeit an Stationen im Kunstunterricht ermöglicht den Schülern*innen so ein selbstständiges Lernen trotz unterschiedlicher Lernvoraussetzungen. Im Mittelpunkt stehen die Förderung der individuellen, kreativen Entwicklung sowie die Förderung von Lernfreude und Motivation.
Die Kinder können ihr eigenes Arbeitstempo bestimmen und auch die Reihenfolge der Stationen frei wählen. Mit dem Stationenplan behält jedes Kind die Übersicht.

Stationenlauf zum Thema: Die Architektur von Hundertwasser
Grundschulkinder erweitern ihren Lebensraum ständig. Sie befassen sich äußerst aufmerksam mit ihrer gebauten und gestalteten Umgebung. Dabei hinterfragen sie ihre Alltagskultur. Zu den Aufgaben ästhetischer Erziehung gehört es unter anderem, die Gegenstände in ihrer Umwelt hinsichtlich verschiedener Aspekte (z. B. bezüglich ihrer gestalteten Form) zu beurteilen. Vor allem die Beschäftigung mit besonderer oder fremder Architektur öffnet den Blick der Kinder.
Der Künstler Hundertwasser ist einer der bekanntesten Künstler unserer Zeit. Die Bilder, die er malte, wandern durch die berühmtesten Museen der Welt.
Hundertwasser hat sich aber auch intensiv auf die Architektur konzentriert. Seine Architektur ist sehr vielseitig.

Sie finden in diesem Heft aufbereitete Stationen zum Künstler Hundertwasser für die Schuljahre 2 bis 4. Einzelne Aufgaben sind auch schon in Klasse 1 einsetzbar. Die Aufgaben können über mehrere Wochen im Unterricht eingesetzt werden. Die einzelnen Stationen dienen aber auch als Anregung für Einzelstunden.
Die Station 7 kann für ein größeres Gemeinschaftsprojekt genutzt werden. Dabei bietet sich die Präsentation der Arbeiten in der eigenen Klasse, an einem Elternabend, aber auch im Rahmen einer Ausstellung für die ganze Schule an.
Die Stationenarbeiten sind an verschiedenen Grundschulen erprobt, auch in integrativen Lerngruppen. Sie können auch in der Sekundarstufe eingesetzt werden.

Ich wünsche Ihnen viel Freude und Erfolg bei der Arbeit mit diesem Projekt.

Ihre Sonja Holz-Henken

Hinweis: Liebe Lehrkraft, wir möchten in unseren Materialien niemanden benachteiligen oder diskriminieren. Daher nutzen wir unter anderem das Gendersternchen, um alle Geschlechter anzusprechen. In Texten für Schüler*innen verzichten wir jedoch aus Gründen der besseren Lesbarkeit darauf und nutzen weiterhin entweder die „neutrale" Form oder Doppelformen. Selbstverständlich sind stets alle Geschlechter gemeint.

Vorbemerkungen

Vorbereitung der Stationen

Passend zum Thema (z. B. Künstler, Stilrichtung oder Sachthema) sollten Sie eine für das Alter der Kinder angemessene Bildauswahl treffen, sich mit den Werken vertraut machen und Vorerfahrungen mit bestimmten Techniken überprüfen. Dann müssen nur noch die Arbeitsaufträge und das Bildmaterial kopiert sowie die Arbeitsmaterialien bereitgestellt werden.
Zu jeder Aufgabe sollte es verschiedene Abbildungen geben, die die Kinder als Anregung nutzen können. Diese Bilder können auch mehrfach kopiert werden. Dadurch sind sie nicht nur an der jeweiligen Station zugänglich, sondern können auch zum individuellen Arbeitsplatz mitgenommen werden. Hierzu bieten wir Ihnen einige Farbfotos auf den Seiten 6–9 an. Sie können die Fotos farbig kopieren (evtl. hochkopieren) und sie den Schüler*innen je nach Bedarf und Motivauswahl an den einzelnen Stationen zur Verfügung stellen. Weitere Fotos finden Sie auch im Internet.
Interessante Fotos von Hundertwassers Gebäuden, aber auch von seinen Modellen sind zu finden im Buch: Hundertwasser Architektur – für ein natur- und menschengerechteres Bauen. Auch Porträts von Hundertwasser sind darin abgebildet.

Beteiligung der Schüler*innen an Planung und Durchführung des Unterrichtsvorhabens

Die Kinder können bei der Vorbereitung der Stationenarbeit mit einbezogen werden. Eine Möglichkeit ist, die Kinder nach ihren Interessen zu dem vorgegebenen Thema zu befragen und sie Forscherfragen aufstellen zu lassen. Auch können die Schüler*innen bei der Erstellung von weiteren Aufgabenangeboten beteiligt werden. Gerne recherchieren die Kinder im Kunstunterricht zum Beispiel zur*m Künstler*in und bringen Materialien mit. Expert*innen können auch Beispiele gestalten, die an den Stationen ausgestellt werden.

Materialbeschaffung

Die Materialien für die Stationenarbeit können mit den Kindern gemeinsam gesammelt werden (z. B. Abbildungen, Informationen zu Hundertwasser, Arbeitsmaterial für die einzelnen Stationen). Es kann ein Materialtisch im Klassenraum aufgebaut oder ein Kunstschrank mit Materialien eingerichtet werden. Es eignen sich aber auch Kartons zum Sammeln.
Auch eine schulinterne Sammlung kann sinnvoll und hilfreich sein (z. B. Fundstücke aus natürlichen Materialien, gesammelte Artefakte, Abbildungen).

Bezug zum Lehrplan

Die vorliegende Stationenarbeit „Die Architektur von Hundertwasser" der Reihe „Kunst-Stationen mit Kindern" beinhaltet die Bereiche Bilder betrachten und verstehen, Zeichnen, Malen, Plastizieren und Montieren.

Aufgaben des Faches Kunst

Der Lehrplan Kunst zeigt, dass Kunstunterricht wichtig ist, um Kindern ästhetische Erfahrungen zu ermöglichen

- um **Kreativität und Fantasie** anzuregen und weiterzuentwickeln,
- um die **Wahrnehmungsfähigkeit** der Kinder und ihr Vorstellungsvermögen zu entfalten und zu fördern,
- um die Fähigkeit zu nutzen und auszubauen, sich **mit bildnerischen Mitteln auszudrücken** und sich verständlich zu machen,
- um die Verstehens- und Interpretationsfähigkeit für ästhetische Erscheinungen und Vorgänge zu erweitern,
- um **neue, auch ungewöhnliche Arbeits-, Sicht- und Denkweisen zu fördern.**

Vorbemerkungen

Mit den Kindern können beim Stationenlauf folgende Aspekte erarbeitet werden:

- Hundertwasser veränderte viele Häuser als „Architekturdoktor" und konzipierte nicht nur Wohngebäude, sondern gestaltete auch einen Kindergarten, eine Schule, eine Autobahnraststätte, eine Fabrik und eine Kirche. Bei Hundertwassers Gebäuden sind die Fassaden farbig verputzt und mit Keramik gestaltet, die Fenster sind unregelmäßig angeordnet, Bäume wurden in die Fassade als „Baummieter" integriert, die Böden sind teilweise uneben. Die Dächer sind bewaldet und oft sind die Bauten von einem vergoldeten Zwiebelturm gekrönt.
- Er forderte das Fensterrecht: **„Ein Bewohner muss das Recht haben, sich aus seinem Fenster zu lehnen und außen an der Außenwand alles umzugestalten, soweit sein Arm reicht, damit man von Weitem sehen kann: Dort wohnt ein Mensch."** (aus Taschen, Angelika: Hundertwasser – Architektur. Für ein natur- und menschengerechtes Bauen. Taschen Verlag, Köln 1996, S. 271).
- Bei allen Gebäuden sieht man, dass Dächer bewaldet sind. Hundertwasser meinte: **„Der Mensch gibt freiwillig von seinem Wohnbereich kleine Territorien an die Natur zurück, von den großen Gebieten, die wir ihr widerrechtlich weggenommen haben."** (ebd., S. 276).
- Hundertwassers Architektur weist wiederkehrende Elemente auf: organische Formen und Linien, bunte Säulen und Mosaiken, unebene Böden, wellige Wände und Skyline, unterschiedliche Fenster, vergoldete Zwiebeltürme, Dachbewaldungen.

Aufbau der Stationen

Die Stationen mit den jeweiligen Materialien können in Plastikablagen bereitgestellt werden (s. Bildbeispiel S. 16). Alternativ dazu gibt es folgende Aufbau-Möglichkeit: Besonders gut eignen sich für die Stationenarbeit im Fach Kunst Stationentürme aus Pappe oder Fotokarton, welche schnell herzustellen und immer wieder für neue Unterrichtsthemen nutzbar sind. Sie können getackert oder geklebt werden. Die Stationentürme lassen sich mittig auf Gruppentischen aufbauen. Sie können aber auch auf der Fensterbank oder auf einem niedrigen Regal aufgebaut werden. An jedem Stationenturm sollte der Arbeitsauftrag sichtbar von mehreren Seiten gelesen werden können. Des Weiteren sollten Abbildungen (entweder von Unterrichtsergebnissen oder auch von den Originalen) bereitliegen. Die Infotexte werden dann neben dem Stationenturm arrangiert, ebenso die Materialien, die für das Gestalten sinnvoll sind.

Literaturtipps

- Ministerium für Schule und Bildung des Landes Nordrhein-Westfalen: Lehrpläne für die Primarstufe in Nordrhein-Westfalen. Heft 2012, 1. Auflage 2021
- Rand, Harry: Hundertwasser. Taschen Verlag, Köln 2015
- Peschel, Falko: Offener Unterricht: Idee – Realität – Perspektive und ein praxiserprobtes Konzept zur Diskussion. Teil 1 und 2. Schneider Verlag Hohengehren, Baltmannsweiler 2005
- Spitzer, Manfred: Geist im Netz – Modelle für Lernen, Denken und Handeln. Spektrum Verlag, Heidelberg 2000
- Spitzer, Manfred: Lernen – Gehirnforschung und die Schule des Lebens. Spektrum Verlag, Heidelberg 2002
- Stieff, Barbara: Träume ernten – Hundertwasser für Kinder. Prestel Verlag, München 2007
- Taschen, Angelika: Hundertwasser – Architektur. Für ein natur- und menschengerechtes Bauen. Taschen Verlag, Köln 1996

Filmtipp

Schamoni, Peter: Hundertwasser – Regentag. Universal Film GmbH, 2006

Internetadressen

www.kunsthauswien.com • *www.hundertwasser.at* • *www.hundertwasser.com*

Die Architektur von Hundertwasser

Fenster

Hundertwasserhaus in Wien

Hundertwasserhaus in Wien

Müllverbrennungsanlage in Wien-Spittelau

BVK • Sonja Holz-Henkel: Kunst-Stationen mit Kindern: Die Architektur von Hundertwasser

Ronald-McDonald-Haus in Essen

Waldspirale in Darmstadt

BVK • Sonja Holz-Henken: Kunst-Stationen mit Kindern: Die Architektur von Hundertwasser

Hotel Therme Rogner Bad Blumau, Kunsthaus

Hundertwasserhaus Bad Soden am Taunus

Name: ______________________________

Stationenplan zu:

Die Architektur von Friedensreich Hundertwasser

Station	bearbeitet	So hat mir die Station gefallen:
1		
2		
3		
4		
5		
6		
7		

Regeln für die Stationenarbeit

1. Ich wähle eine Station aus und nehme mir die Auftragskarte.
2. **Bevor** ich mit einer Aufgabe beginne, lese ich mir die Auftragskarte sorgfältig durch. Ich schaue mir auch die Bilder an der Station an.
3. Der Experte hilft mir, wenn ich nicht weiter weiß.
4. Erst **beende** ich eine Aufgabe, dann **fange** ich eine neue Aufgabe an.
5. Wenn ich eine Station bearbeitet habe, fülle ich den Stationenplan und das Künstler-Tagebuch aus.

Name: ______________________________

Künstler-Tagebuch

HUNDERTWASSER

Station 1 – Das habe ich gelernt:

____

____

____

Station 2 – Das habe ich gelernt:

____

____

Station 3 – Das habe ich gelernt:

____

____

Station 4 – Das habe ich gelernt:

____

____

Station 5 – Das habe ich gelernt:

____

____

Station 6 – Das habe ich gelernt:

____

____

Station 7 – Das habe ich gelernt:

____

____

BVK • Sonja Holz-Henken: Kunst-Stationen mit Kindern: Die Architektur von Hundertwasser

Station 1

Aufgaben:

1. Lies den Text über Friedensreich Hundertwasser.

2. Bearbeite dann das Aufgabenblatt.

Tipp:

Du kannst bei dieser Aufgabe auch mit einem Partner arbeiten.

Zusatzaufgabe:

Wo gibt es überall Häuser von Hundertwasser? Wie sehen sie aus? Informiere dich im Internet, zum Beispiel unter: *www.blinde-kuh.de*
Stelle dein Ergebnis der Klasse vor.

BVK • Sonja Holz-Henken: Kunst-Stationen mit Kindern: Die Architektur von Hundertwasser

Station 2

Aufgaben:

1. Zeichne mit einem Bleistift die Umrisse von einem Haus auf. Zeichne dann so viele Fenster ein, wie du möchtest.
   Du kannst auch die Vorlage verwenden.

2. Gestalte das Haus und die Fenster.
   Male dann das Haus und die Fenster mit Buntstiften oder Pastellölkreiden farbig an.

Station 3

Hundertwasser war der Meinung, dass jeder das Recht haben sollte, sein Fenster selbst zu gestalten.

Aufgaben:

1. Entscheide dich für eine Fenstervorlage.
2. Male den Fensterrahmen bunt an. Du kannst dazu
   - Buntstifte oder Filzstifte verwenden,
   - aus Papier oder Pappe kleine Stückchen schneiden oder reißen und aufkleben
   - oder auch kleine Stückchen Gold- oder Silberfolie verwenden.

Zusatzaufgabe:

Wenn du möchtest, kannst du eine zweite Fenstervorlage ausgestalten.

BVK • Sonja Holz-Henken: Kunst-Stationen mit Kindern: Die Architektur von Hundertwasser

Station 4

Aufgaben:

1. Schaue dir zuerst die Bilder von Hundertwasser-Häusern an.

2. Gestalte nun selbst ein Haus.
   Verwende dazu die Vorlage.
   Benutze dabei viele Farben, damit dein Haus bunt wird.
   Auch der Hintergrund soll bunt werden.

BVK • Sonja Holz-Henken: Kunst-Stationen mit Kindern: Die Architektur von Hundertwasser

Station 5

Aufgaben:

1. Schaue dir Bilder von Hundertwasser-Häusern an.

2. Zeichne nun ein großes Rechteck auf ein Blatt. Das ist der Umriss deines Hauses.

3. Schneide Kuppeln, Fenster und Säulen aus und klebe sie auf dein Haus. Achte dabei auf die Bilder: Wie sieht es bei Hundertwasser aus?

4. Male dein Haus bunt an. Du kannst dazu Buntstifte, Wachsmalstifte oder Pastellölkreiden verwenden.

Station 6

Aufgaben:

1. Nimm die Vorlage.

2. Zeichne mit einem Bleistift weiter, bis das Haus vollständig ist.

3. Male dein Haus bunt. Dazu kannst du Buntstifte oder Pastellölkreiden verwenden.

BVK • Sonja Holz-Henken: Kunst-Stationen mit Kindern: Die Architektur von Hundertwasser

Station 7a

Aufgaben:

1. Gestalte ein Haus aus Pappkartons und Papprollen.
2. Zeichne dann Fenster und Türen ein.
3. Du kannst dein Haus auch mit Kuppeln verzieren.
4. Male dein Haus bunt an.

Tipp:

Du kannst auch mit einem Partner zusammenarbeiten.

Zusatzaufgabe:

Wenn du möchtest, kannst du dein Haus begrünen und Menschen und Tiere hinzufügen.

BVK • Sonja Holz-Henken: Kunst-Stationen mit Kindern: Die Architektur von Hundertwasser

Station 7b

So geht es:

- Suche dir verschiedene Kartons für dein Haus und Papprollen für die Säulen aus. Wie soll dein Haus aussehen? Stelle zuerst alles lose aufeinander.
- Plane deine Fenster und Türen. Wenn du sie einschneidest, kannst du sie später öffnen.
- Klebe die Kartons jetzt so zusammen, wie dein Haus aussehen soll. Klebe auch die Säulen fest.
- Verwende für die Kuppeln die bereitgestellten Materialien. Klebe sie auf dein Haus.
- Achte bei der Bemalung deiner Fenster darauf, sie besonders zu gestalten.

Station 1

HUNDERTWASSER

Zeit:
1–2 Unterrichtsstunden

Material:
Fotos (S. 6–9), Arbeitsblätter „Der Künstler Hundertwasser" (S. 17), „Friedensreich Hundertwasser" (S. 18) und „Was weißt du über Hundertwasser" (S. 19)

Lernziele & **Kompetenzerwartungen:**

- Kennenlernen von Hundertwasser und seiner Architektur
- **Bereich: Bilder betrachten und verstehen**

Einstieg:
Beginnen Sie mit einer Bildbetrachtung von Hundertwassers Porträt und von Bildern seiner Bauwerke. Danach können die Kinder herausarbeiten, welche verschiedenen Gebäude Hundertwasser gestaltet hat. Hierbei sind die Merkmale seiner Architektur wichtig. Interessant sind für die Kinder unterschiedliche Bauten (wie z. B. Wohnhäuser, Schulen, Bahnhöfe, Fabriken und Kirchen), die einen Bezug zu ihrem eigenen Umfeld haben. Die Biografie kann gemeinsam oder auch in Einzel- oder Partnerarbeit gelesen werden. Anschließend bearbeiten die Kinder das Arbeitsblatt (entweder ein Arbeitsblatt oder beide Arbeitsblätter).

Bildbeispiele zu Seite 4

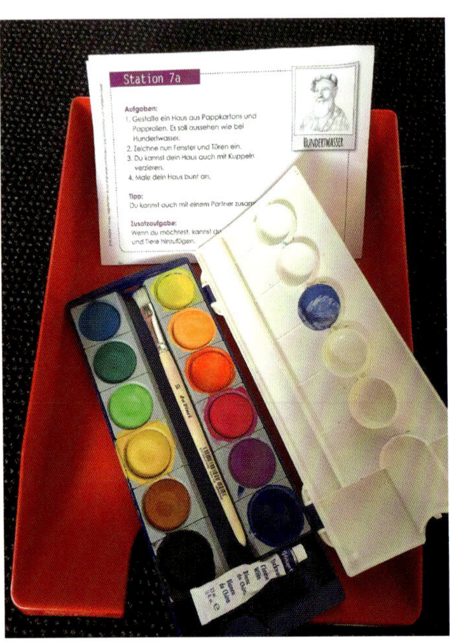

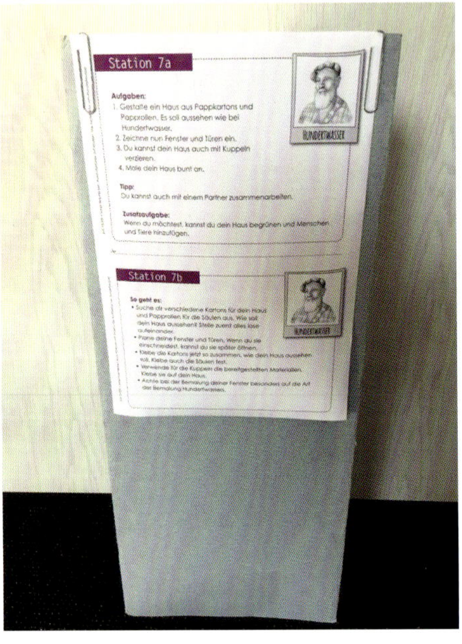

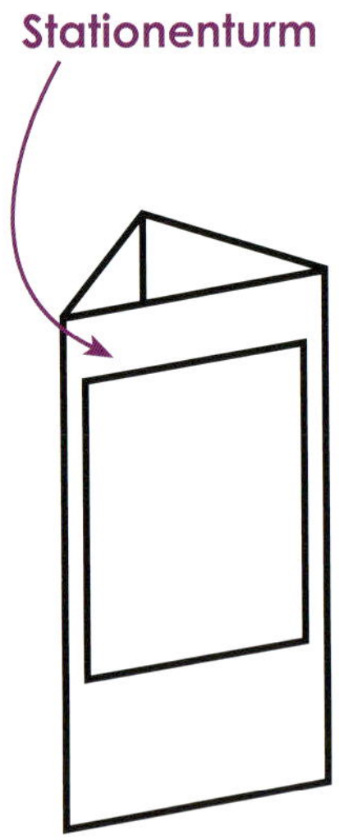

Name: ______________________________

Station 1
Der Künstler Hundertwasser

HUNDERTWASSER

Der Künstler Hundertwasser ist einer der berühmtesten Künstler unserer Zeit.
Hundertwasser wurde am 5.12.1928 in Wien als Friedrich Stowasser geboren. Schon im Alter von sechs Jahren malte er seine ersten Bilder.
Als er 21 Jahre alt war, änderte er seinen Namen in Hundertwasser. Danach änderte er auch seinen Vornamen in Friedensreich. Später nahm er noch zwei weitere Namen hinzu. Er nannte sich nun Friedensreich Hundertwasser Regentag Dunkelbunt.

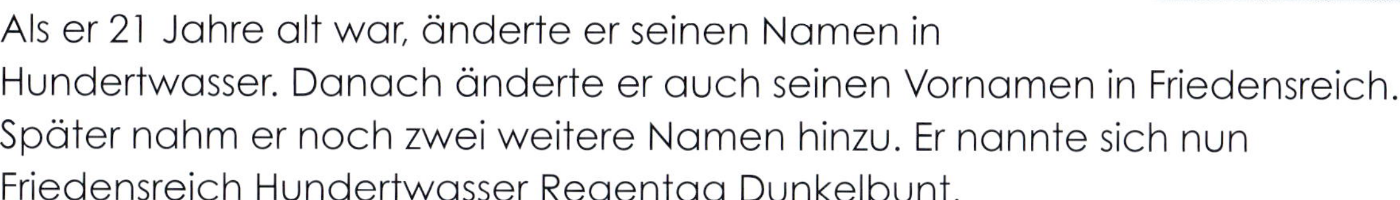

Zuerst hat Hundertwasser hauptsächlich gemalt. Dann hat er sich aber immer mehr für Häuser interessiert und wollte Häuser gestalten.
Die Häuser, die er kannte, fand er viel zu langweilig und grau. Er dachte, dass die Menschen lieber in bunten Häusern mit vielen Pflanzen wohnen würden. Deshalb veränderte er viele Gebäude.

Die Häuser, die er gestaltet hat, sehen alle sehr lebensfroh und bunt aus. Sie stehen in vielen Ländern auf der ganzen Welt. Auch in Deutschland gibt es einige Hundertwasser-Häuser, zum Beispiel in Darmstadt und in Essen.

Friedensreich Hundertwasser verschönerte nicht nur Wohngebäude.
Er gestaltete auch eine Autobahnraststätte, eine Fabrik und eine Kirche.
Bei den Gebäuden sind außerdem die Dächer bewaldet.
Seine Häuser sollten in Einklang mit der Natur sein.
Die Fassaden der Häuser Hundertwassers sind oft bunt verputzt und mit Keramik gestaltet.
Hundertwasser fand, dass jeder Mensch das Recht haben sollte, die Außenmauer rund um sein Fenster zu gestalten.

Im Jahr 1958 erfand er das „Fensterrecht". Damals hat er gesagt, dass jeder Hausbewohner das Recht haben muss, die Fenster seiner Wohnung selbst zu gestalten. Jeder soll sich aus seinem Fenster lehnen und die Außenwand so weit umgestalten dürfen, wie sein Arm reicht. Dann kann man von der Straße aus sehen, dass dort ein Mensch wohnt.

Hundertwasser hat sich auch für die Natur und den Umweltschutz interessiert. Er setzte sich für ein Leben in Harmonie und Einklang mit der Natur ein.

Hundertwasser starb am 19. Februar 2000.

BVK • Sonja Holz-Ferikel: Kunst-Stationen mit Kindern: Die Architektur von Hundertwasser

Name: ____________________

Station 1
Friedensreich Hundertwasser

HUNDERTWASSER

Aufgabe:
Welche Antwort ist richtig? Verbinde.

Hundertwasser ist	ein berühmter Künstler.
	ein unbekannter Künstler.
Schon mit sechs Jahren	kletterte er auf Berge.
	malte er Bilder.
Er nannte sich um in	Friedensreich Hundertwasser Sommertag Hellblau.
	Friedensreich Hundertwasser Regentag Dunkelbunt.
Viele Häuser fand er	langweilig und grau.
	groß und schön.
Seine Häuser sind	lebensfroh und bunt.
	klein und dunkel.
Er hat auch	eine Fabrik gestaltet.
	eine Fabrik zerstört.
Sein Fensterrecht sagt, dass	jeder seine Fenster selbst gestalten darf.
	jeder seine Fenster selbst öffnen darf.
Der Umweltschutz und die Natur waren ihm	egal.
	sehr wichtig.

BVK • Sonja Holz-Henken: Kunst-Stationen mit Kindern: Die Architektur von Hundertwasser

Name: ______________________________

Station 1

Was weißt du über Hundertwasser?

Aufgabe:
Fülle den Lückentext aus. Die Wörter im Kasten helfen dir.

Hundertwasser wurde am 5.12.1928 als

____________________ ____________________

geboren. Er malte schon ______________ , als er sechs Jahre alt war.

Später änderte er seinen Namen. Zuerst nannte er sich Friedensreich

______________________________ . Später nahm er noch zwei

weitere Namen hinzu und nannte sich Friedensreich Hundertwasser

__________________ ______________________ .

Zuerst war er Maler. Dann interessierte Hundertwasser sich immer mehr für

Häuser und wurde auch ____________________ . Er wollte keine lang-

weiligen und grauen Häuser, sie sollten _________ sein und dort sollten

__________________ wachsen. Hundertwasser-Häuser gibt es in

vielen ______________ auf der ganzen Welt. Außer Häusern hat

Hundertwasser auch eine Autobahnraststätte, __________________ und

_________________________ umgestaltet. Die _______________ der

Häuser bemalte er bunt. Er malte sogar um die _______________ herum.

Hundertwasser erfand das ___________________________ . Danach soll

jeder Bewohner das Recht haben, seine Fenster selbst zu gestalten. So kann

jeder von der Straße aus sehen, dass dort ein ______________ wohnt.

Bilder – Dunkelbunt – Fenster – Regentag – Mensch – Pflanzen – Fensterrecht – Fassaden – eine Fabrik – Friedrich Stowasser – Architekt – Hundertwasser – bunt – Ländern – eine Kirche – Fenster

BVK • Sonja Holz-Henken: Kunst-Stationen mit Kindern: Die Architektur von Hundertwasser

Station 2

HUNDERTWASSER

■ **Zeit:**

2–3 Unterrichtsstunden

■ **Material:**

Kopiervorlage Haus (S. 22) zur Differenzierung, Buntstifte und Pastellölkreiden, Zeichenblock in DIN A4

■ Lernziele & **Kompetenzerwartungen:**

- Grafisches und farbiges Gestalten: Ein Haus mit Fenstern zeichnen und farbig gestalten inspiriert von den Werken Hundertwassers.
- **Bereich: Zeichnen und Malen**
- **Schwerpunkt: Zeichnen**
- **Schwerpunkt: Malen**

■ **Kriterien zur Leistungsbewertung:**

1. Wie ideenreich wurden dekorative Elemente eingesetzt?
2. Wurden die Flächen sorgfältig angelegt?
3. Wurden die Fenster verziert?
4. Wie sorgfältig wurde gearbeitet?

Unterrichtsbeispiel

BVK • Sonja Holz-Henken: Kunst-Stationen mit Kindern: Die Architektur von Hundertwasser

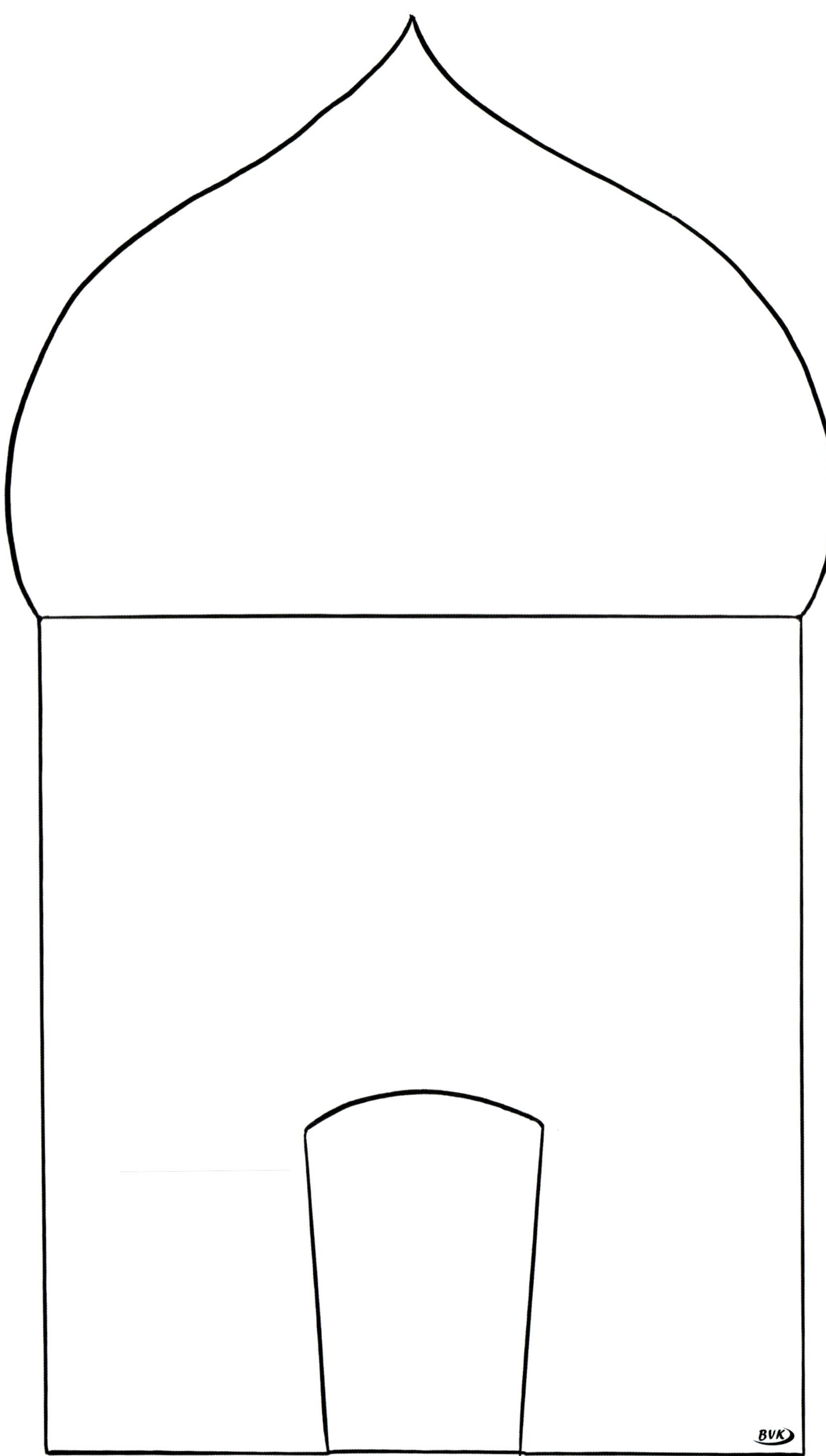
BVK

Station 3

■ **Zeit:**
2–3 Unterrichtsstunden

■ **Material:**
Kopiervorlage Fenster (S. 24), Zeichenblock in DIN A4, buntes Papier oder Tonkarton, Gold- und Silberfolie, Klebestift, Buntstifte, Filzstifte, Schere, evtl. große Bögen Tonpapier zum Aufkleben und Präsentieren der Schülerarbeiten

■ Lernziele & **Kompetenzerwartungen:**
- Farbiges Gestalten zum Thema Fensterrecht: Jeder hat ein Recht auf sein Fenster!
- Einen Fensterrahmen mit verschiedenen Materialien verzieren.
- **Bereich: Zeichnen und Malen**

■ **Kriterien zur Leistungsbewertung:**
1. Wie ideenreich wurden dekorative Elemente eingesetzt?
2. Wurden die dekorativen Elemente sorgfältig gezeichnet und ausgeschnitten?
3. Wurden die dekorativen Elemente sorgfältig aufgeklebt?

Unterrichtsbeispiele

Station 4

HUNDERTWASSER

Zeit:
2–3 Unterrichtsstunden

Material:
Kopiervorlage Hundertwasser-Haus (S. 27), Buntstifte oder Pastellölkreiden, Tonkarton zum Aufkleben der Bilder in DIN A3 zur Präsentation

Lernziele & **Kompetenzerwartungen:**

- Farbiges Gestalten: Ein Haus farbig gestalten und dabei die Wirkung von Farben erproben
- **Schwerpunkt: Malen**

Kriterien zur Leistungsbewertung:

1. Wurden die Flächen abwechselnd bunt gestaltet?
2. Sind die Flächen sauber ausgemalt?
3. Wurde der Hintergrund farbig gestaltet?

Unterrichtsbeispiel

Tipp:
Sollte Ihnen die Kopiervorlage für schwächere Schüler*innen zu schwierig sein, können Sie diese ggf. vereinfachen, indem Sie mit einem Korrekturstift einzelne Linien abdecken. Dann erhalten die Kinder hiervon eine Kopie.

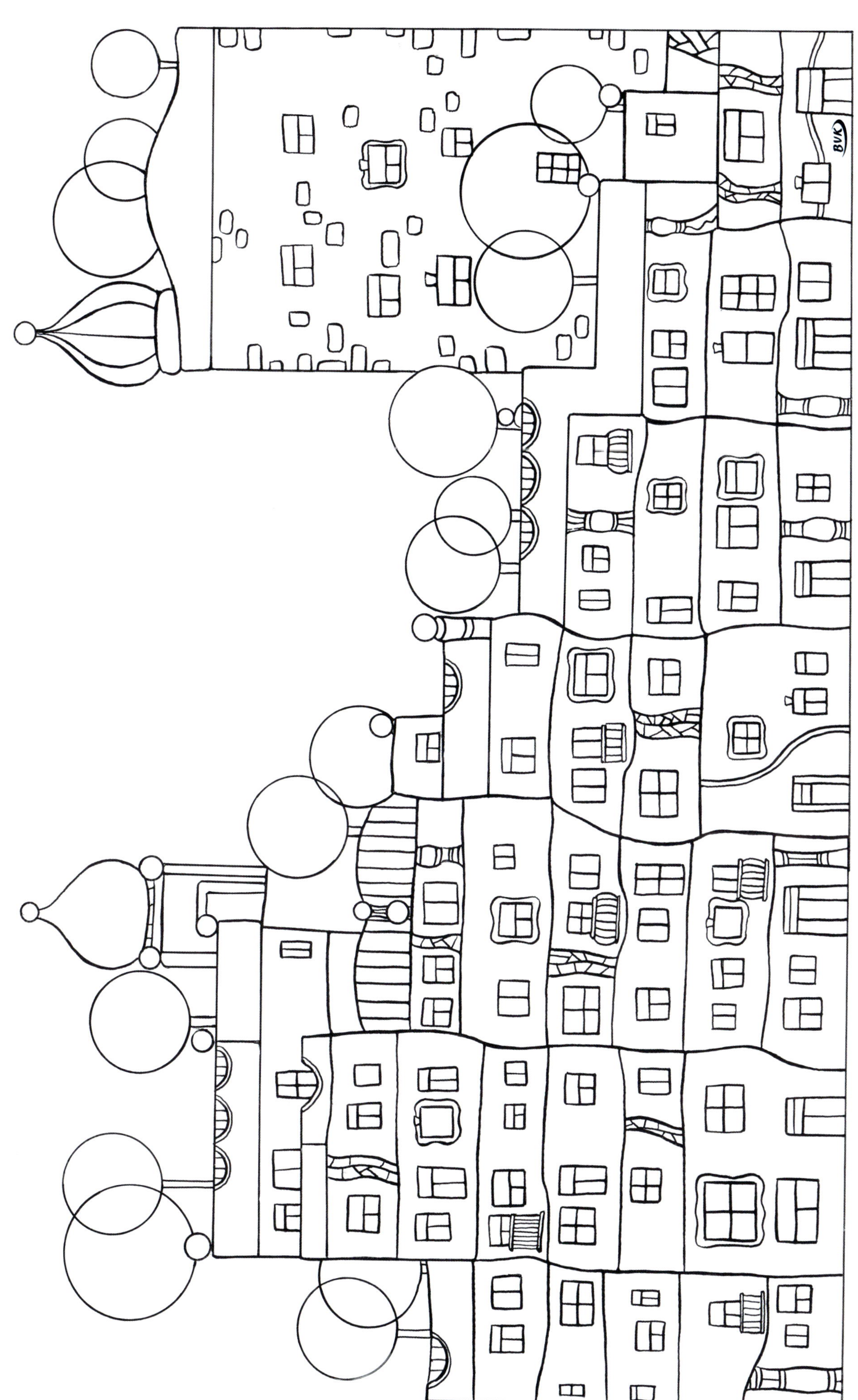
BVK

Station 5

HUNDERTWASSER

Zeit:

3–4 Unterrichtsstunden

Material:

Kopiervorlagen Kuppeln, Säulen und Fenster (S. 30–31), Buntstifte, Pastellölkreiden oder Wachsmalstifte, Schere, Kleber, Zeichenblock in DIN A3

Lernziele & **Kompetenzerwartungen:**

- Collagieren, grafisches und farbiges Gestalten: Ein Haus gestalten und Elemente einbauen (Kuppeln, Säulen, Fenster).
- **Bereich: Zeichnen und Malen**

Kriterien zur Leistungsbewertung:

1. Wurde eine sorgfältige Umrisszeichnung gestaltet?
2. Wurden Kuppeln, Säulen und Fenster eingebaut?
3. Wurden alle drei Elemente ordentlich aufgeklebt?
4. Wurden die Flächen sorgfältig ausgemalt?

Zusatz:

5. Wurden die Fenster bunt gestaltet und evtl. verziert?

Unterrichtsbeispiel

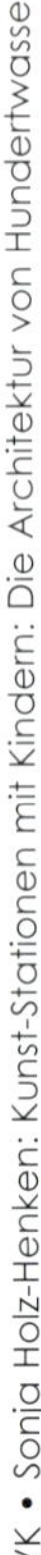

BVK • Sonja Holz-Henken: Kunst-Stationen mit Kindern: Die Architektur von Hundertwasser

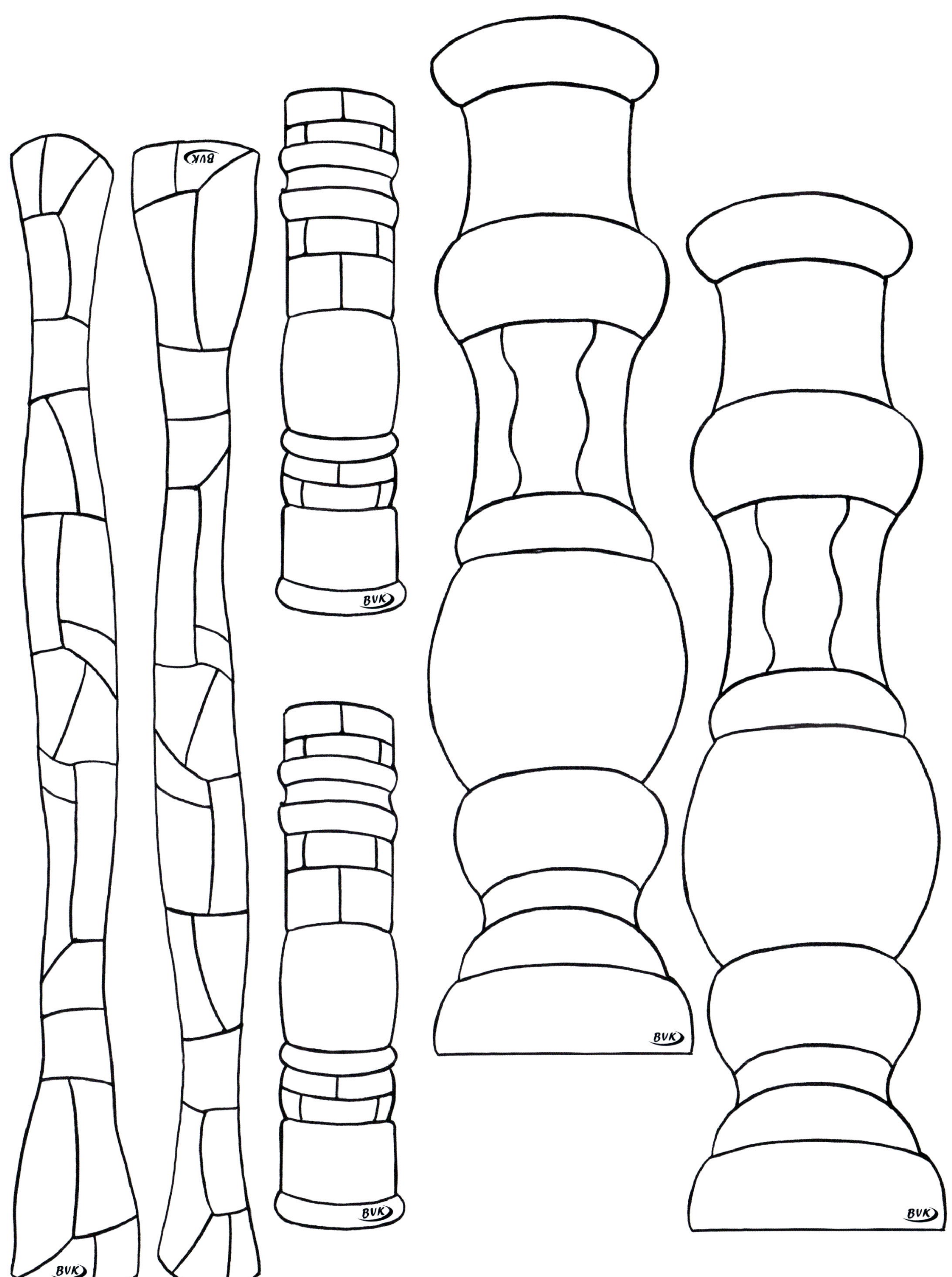

BVK • Sonja Holz-Henkel: Kunst-Stationen mit Kindern. Die Architektur von Hundertwasser

Station 6

HUNDERTWASSER

■ **Zeit:**
3 – 4 Unterrichtsstunden

■ **Material:**
Kopiervorlage „Türme" (S. 33), Bleistift, Buntstifte, Pastellölkreiden

■ Lernziele & **Kompetenzerwartungen:**

- Grafisches und farbiges Gestalten: Ein Haus nach Motiven von Hundertwasser farbig gestalten.
- **Bereich: Zeichnen und Malen**
- **Schwerpunkt: Zeichnen**

■ **Kriterien zur Leistungsbewertung:**

1. Ist die Zeichnung sorgfältig angelegt?
2. Passt die Zeichnung des Mittelteiles zum Rest des Gebäudes?
3. Wurden einzelne Flächen bunt gestaltet?

■ **Tipp:**
Zur Differenzierung können Sie den Kindern die Kopiervorlage auch in veränderter, etwas vereinfachter Form (s. Beispiel unten) anbieten. Eine weitere Differenzierung könnte sein, größere Muster und Elemente zu gestalten.

Unterrichtsbeispiel

Station 6 - Kopiervorlage

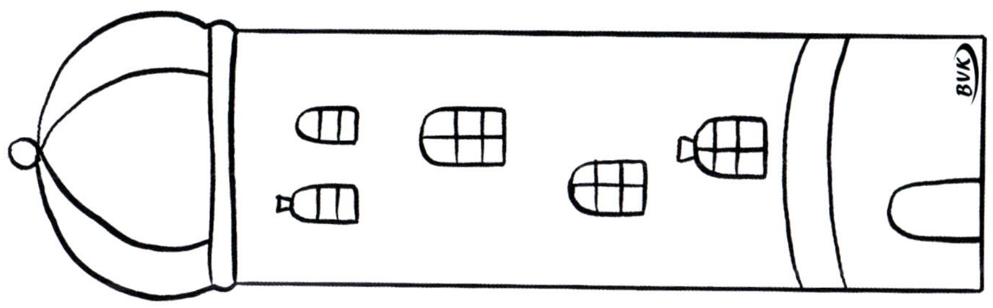

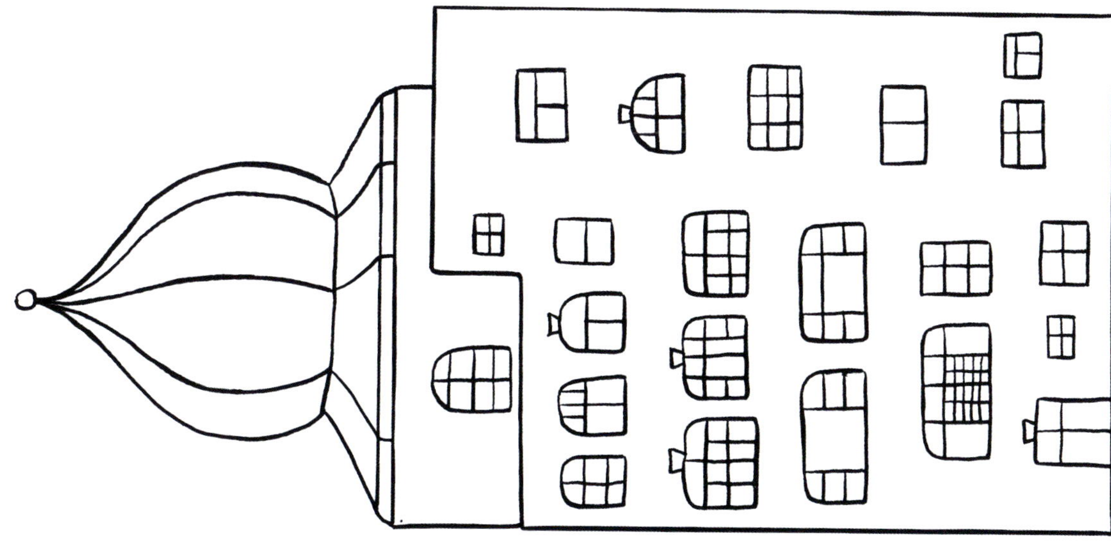

Station 7

HUNDERTWASSER

Zeit:
5–6 Unterrichtsstunden

Material:
Pappkartons in verschiedenen Größen, Papprollen (Toilettenpapierrollen oder Küchenpapierrollen), goldene Folie, Zeitungspapier für die Kuppeln, buntes Papier, Wasserfarben oder Abtönfarben, Wasserbehälter, Pinsel, Malkittel, Tonkarton, Flüssigkleber oder Kleister, Scheren, Dekorationsmaterialien aus der kindlichen Spielwelt (Spielfiguren oder -tiere), Naturmaterialien zur Begrünung (Heu, Stroh, Buchsbaumzweige, Ostergras, Moos, Gras, Blätter), Knete zur Befestigung der Naturmaterialien, evtl. eine Holzplatte oder feste Pappe als Untergrund, Ritzmesser

Lernziele & **Kompetenzerwartungen:**

- Räumliches und farbiges Gestalten: Ein Haus inspiriert von Hundertwassers Architektur gestalten unter dem Aspekt der Dachbegrünung und der Fenstergestaltung sowie der Gestaltung von Kuppeln und Säulen.
- Farbige und räumliche Gestaltung eines Hauses
- Einzeichnen von Fenstern und Türen
- Einbau von Säulen und Kuppeln
- Ausgestaltung der Terrasse oder der Dächer mit Naturmaterialien
- **Bereich: Plastizieren und Montieren**

Tipp: Zur Differenzierung können Fenster und Türen zusätzlich ausgeschnitten werden.

Achtung: Bitte lassen Sie die Kinder nicht unbeaufsichtigt mit dem Ritzmesser arbeiten.

Einstieg:
Es kann nochmals mit einer Bildbetrachtung von Originalwerken Hundertwassers begonnen werden.

Kriterien zur Leistungsbewertung:
1. Wie ideenreich war der Einsatz von dekorativen Elementen?
2. Wurden die Flächen sorgfältig angelegt?
3. Wurden Dächer oder Terrassen begrünt?
4. Wurden Säulen und goldene Kuppeln eingebaut?

Hinweis:
Diese Stationenaufgabe bietet sich sowohl für die Einzel- als auch für die Arbeit zu zweit an. Bedenken Sie jedoch bei Arbeiten zu zweit, dass die Ergebnisse sehr ansprechend sind, sodass schon vor Beginn der Arbeit geklärt werden muss, wer das fertig gestaltete Haus mit nach Hause nehmen darf. Daher sollte ein Gemeinschaftshaus so geplant werden, dass es an einer Hausseite getrennt werden kann. Dadurch ergibt sich die Möglichkeit, dass jedes Kind „seinen" Hausteil dennoch mitnehmen kann.

■ **Tipp:**

Am Ende der Arbeit kann das gesamte Kunstwerk fotografiert werden, dann haben alle Kinder eine Erinnerung an ihr selbst gestaltetes Haus.
Die Fotos können auch im Klassenraum oder im Schulflur zur Präsentation für andere Klassen aufgehängt werden.

Unterrichtsbeispiele

TIM